BEI GRIN MACHT SICH IHR WISSEN BEZAHLT

- Wir veröffentlichen Ihre Hausarbeit,
  Bachelor- und Masterarbeit

- Ihr eigenes eBook und Buch -
  weltweit in allen wichtigen Shops

- Verdienen Sie an jedem Verkauf

Jetzt bei www.GRIN.com hochladen und kostenlos publizieren

Yannick Bury

Außenhandels- und Währungspolitik der Volksrepublik China mit der Europäischen Union - Ein Überblick

GRIN Verlag

Bibliografische Information der Deutschen Nationalbibliothek:

Die Deutsche Bibliothek verzeichnet diese Publikation in der Deutschen National-
bibliografie; detaillierte bibliografische Daten sind im Internet über http://dnb.d-
nb.de/ abrufbar.

Impressum:

Copyright © 2012 GRIN Verlag GmbH
Druck und Bindung: Books on Demand GmbH, Norderstedt Germany
ISBN: 978-3-656-50873-1

Dieses Buch bei GRIN:

http://www.grin.com/de/e-book/262462/aussenhandels-und-waehrungspolitik-der-
volksrepublik-china-mit-der-europaeischen

Außenhandels- und Währungspolitik der Volksrepublik China mit der Europäischen Union

Yannick Bury

1   Einleitung

In den vergangenen Jahren avancierte die Volksrepublik China (im Folgenden „China") zum größten Handelspartner der Europäischen Union (im Folgenden „EU"). Dies ist nicht zuletzt bedingt durch eine Außenhandelspolitik Chinas, die in entscheidenden Teilen von einer korrespondierenden Währungspolitik getragen wird. Mit einem sukzessiven Hingang zu einer stärkeren marktwirtschaftlichen Ordnung überholte China 2010 bereits Japan als zweitgrößte Volkswirtschaft der Welt und wird dieses Jahr nach Prognosen des IWF zur größten Handelsnation der Welt aufsteigen (Auswärtiges Amt 2012).

2   Die Entwicklung des Außenhandelspolitik

Eine zentrale Rolle beim Erreichen dieses Ziels bisher und in Zukunft spielt der Außenhandel Chinas. Insbesondere der Beitritt zur Welthandelsorganisation (WTO) und die damit verbunden Absenkung der Zölle ab 2001 war ein wichtiger Schritt hin auf dem Weg zum internationalen Handelspartner. Seit Beginn der Öffnungspolitik hat sich der Handel zwischen der Europäischen Union und China mehr als verdreißigfacht (Auswärtiges Amt 2012). Heute ist China nach Angaben des Auswärtigen Amts der zweitgrößte Handelspartner der Europäischen Union mit einem Handelsbilanzdefizit im Jahr 2011 auf Europäischer Seite von 43,1 Mrd. USD (Auswärtiges Amt 2012).

Durch den WTO Beitritt wurden Handelsschranken zwischen den Regionen teilweise abgebaut. Die Europäische Kommission kritisiert jedoch zuletzt 2012, dass insbesondere die staatliche Kontrolle bei Beteilung ausländischer, europäischer Investoren nach wie vor ein massives Hemmnis im bilateralen Handel darstellt.

Trotz diesem aus europäischer Sicht notwendigen Nachholbedarfs führte der erfolgte Abbau der Handelsschranken durch den WTO Beitritt auf chinesischer Seite in den ersten Jahren zu einem zweistelligen Wachstum der Import- und Exportraten. Diese Wachstumsraten bedeuten für die Handelsbeziehungen der beiden Regionen zweierlei: zum einen, einen verschärften internationalen Wettbewerb durch einen weiteren, starken Akteur, gleichzeitig allerdings auch einen neuen Absatzmarkt (die EU ist mit einem Anteil von 12.1% der chinesischen Importe 2010 größter Importeur Chinas), bei dem die europäischen, kapitalintensiven Volkswirtschaften durchaus komparative Vorteile im gegenseitigen arbeitsteiligen Handel nutzen können (Bundesbankbericht 2005).

Neben den kapitalintensiven und hochtechnologisierten Produktionsvorteilen auf EU Seite machte China seine komparativen Vorteile bisher vor allem in günstigerer, da bisher arbeitsintensiverer Produktion geltend. Nach und nach nimmt allerdings die Kapitalintensität der chinesischen Produktion zu. Nach Studien von John Ross, Gastprofessor an der Universität Shanghai ist eine Korrelation zwischen der zunehmenden Kapitalintensität (ausgedrückt durch die Zunahme der Investitionen) und den großen Wachstumsraten des BIP Chinas signifikant feststellbar. Die höhere Kapitalintensität der Produktion, kombiniert mit ebenso nach und nach steigenden Lohnstückkosten in China würde ohne anderweitige Intervention zu einer Abschwächung der komparativen Vorteile Chinas gegenüber der EU führen.

3   Währungspolitische Maßnahmen zur Stützung des Außenhandels

Hier, an der zunehmenden Kapitalintensität, sukzessive höheren Lohnstückkosten und damit einer Verteuerung der chinesischen Produktion, setzt die strategische Währungspolitik Chinas ein, um trotzdem durch eine gezielte Wechselkursstrategie die Exportraten auf dem bisher hohen Niveau zu halten[1].

Um den Wechselkurs strategisch niedrig zu halten hat die Chinesische Volksbank (PBOC) quasi ein System fester Wechselkurse durch einen Wechselkurskorridor, anfangs von 0,5% um den Mittelwert von 8,11 RMB/Dollar errichtet.

Diesen Kurskorridor gewährte die PBOC durch gezielte Devisenmarktinterventionen. Die PBOC kauft ausländische Währung (vornehmlich US-Dollar, nach und nach auch Wertpapiere wie US Staatsanleihen in USD) gegen RMB auf und wirft damit inländische Währung auf den Devisenmarkt (was als Schöpfung von Zentralbankgeld gesehen werden kann), was durch das ausgeweitete Angebot zu einer Abwertung der eigenen Währung und dadurch zu einer Erhöhung der Wettbewerbsfähigkeit Chinas führt.

Beispielsweise der „Big-Mac Index" des Economists zeigt, dass der RMB durch diese Koppelung und die massiven Devisenmarktinterventionen unterbewertet war und ist, was zu Protesten aus den USA, aber auch der EU führte, die in den letzten Jahren immer wieder Thema bei den Jahrestagungen des IWF waren. Die PBOC gab dem internationalen Druck teilweise nach[2], indem sie den RMB nach und nach geringfügig im Vergleich zum Dollar aufwertete. Dies geschah im Rahmen der Ankündigung, die Koppelung an den US-Dollar durch einen internationalen Währungskorb, der sich heute zu etwa gleichen Teilen aus Dollar und Euro zusammensetzt, zu ersetzen. Im Grundsatz bleibt allerdings auch nach diesen Anpassungen der Wechselkurs des RMB unterbewertet (Paul Krugman 2010).

---

[1] Das dahinter stehende Konzept der Wirtschaftswissenschaften ist als Marshall-Lerner-Bedingung bekannt. Die Leistungsbilanz verbessert sich demnach bei einem niedrigeren realen Wechselkurs

[2] mehr als der internationale Druck waren aber wohl innenpolitische Zielsetzungen wie ein erhöhter Druck auf die inländische Industrie hin zu effizienterer Produktion und eine Anhebung der inländischen Zinsen zur Beruhigung des Immobilienmarktes und damit Inflationssenkung entscheidend für die Entscheidung der PBOC

Die Anpassungen der Devisenmarktinterventionen von einer reinen Dollar-Koppelung hin zum gemischten Währungskorb zeigt sich insbesondere an den verstärkten Interventionen in der Eurozone, beispielsweise bei auf Euro lautenden Staatsanleihen und Wertanlagen in südeuropäischen Staaten und den damit verbundenen Ankauf von Euros.

Als langfristiges Ziel wird durch die schrittweise Aufwertung wohl ein flexibler Wechselkurs gesehen. Jedoch müsste dann die Kontrolle des Kapitalverkehrs aufgegeben werden (vgl. Trilemma der Währungspolitik). Gerade mit Blick auf diese Perspektive und unter Betrachtung der bisherigen Wechselkursentwicklung des RMB kann diese Entwicklung durchaus als Spiegel der Strategie der gesamtwirtschaftlichen und insbesondere außenwirtschaftlichen Entwicklung Chinas gesehen werden (Der Spiegel 2010).

4   Perspektiven der Außenhandelsbeziehungen

Für die kommenden Jahre ist wohl davon auszugehen, dass China durch die Beibehaltung, wenn auch leichter Lockerung, der Unterbewertung des RMB weiter Wettbewerbsvorteile über eine Wechselkurspolitik generieren wird. Gleichzeitig entwickelt sich die chinesische Produktion hin zu einer höheren Kapitalintensität und einer Erhöhung der Lohnstückkosten, was eben durch die Unterbewertung, aber auch eine bedingte Aufrechterhaltung von Handelshemmnissen kompensiert werden soll.

Fest steht, dass China insbesondere durch ein weiteres Wachstum des Außenhandels, gestützt durch gezielte Währungspolitik das Ziel einer nicht zuletzt wirtschaftlich multipolaren Welt erreichen wird. Als Handelspartner ergeben sich dadurch für beide Regionen große Chancen für Wohlstand und Fortschritt, nicht zuletzt durch den sich einstellenden zunehmenden Leistungswettbewerb beider Regionen, sollte China die unterbewertete Wechselkursfixierung weiter lösen, kombiniert mit einem weiteren Abbau von Handelsschranken.